Esclavos de la Sociedad

Cuentos escritos en Irak

By

Sílfida D. Gómez

1663 Liberty Drive, Suite 200
Bloomington, Indiana 47403
(800) 839-8640
www.AuthorHouse.com

This book is a work of non-fiction. Names of people and places have been changed to protect their privacy.

First published by AuthorHouse 10/05/04

ISBN: 1-4184-9096-2 (sc)

Library of Congress Control Number: 2004096149

Printed in the United States of America
Bloomington, Indiana

This book is printed on acid-free paper.

En busca de mi una voz y de entender a esta sociedad, me apunte en él ejercito. Sin darme cuenta mi familia en Massachussets, Nueva York, Florida, New Jersey y por supuesto en la Republica Dominicana nunca sola me dejaron. Mientras mi aventuras me han llevado a todos lados del mundo, mi familia y mis amigos me han mantenido firme en la realidad.

En las tierras de Irak, descubrí el significada de la soledad, de luchar por la liberta de nuestra naciones y de este pueblo desconocido. Junto con mis soldados, todos los días vivimos sacrificando nuestras vidas para proteger a todos los que queremos. Alejados de todas las cosas conocidas y las personas que amamos, en este lugar tan lejos, aprendimos a apreciar todas las cosas bella de la vida y ser personas más humildes.

Gracias a todos por su apoyo y su dedicación. Gracias a: Carlos Flores, Xassiel Cuellar, Victor Cerda, Tobias Carson, Kenneth Smith, Jacob Harris, Pamela Parker, Cory Bass y Cristy McIntosh por donar sus imagines en la representación visual de Esclavos de la Sociedad. Gracias a Altagracia Gómez por su contribución editorial a este projecto.

Todos somos esclavos, cuando dejamos que nuestras vidas sean dirigidas por una sociedad que no nos comprende.

Cuentos

El Pueblo

Hoy me levante poeta, clandestina y sin licencia.
Luchando contra las masas;
esa gran población que no quiere ser rescatada.
Nos tiran piedras y bombas.
Nos dicen insultos y quien sabe que otra cosa.
¿Que hacemos nosotros ofreciendo democracia?
Parecemos peregrinos brindando religiones
hasta insultando su raza.
¿Quién dijo que todo lo que brilla es oro?
Ellos no quieren cambio ni ayuda,
lo que quieren es comida, trabajo y una gran mejoría.
¿Quién piensa que la democracia trae salud?
Miren a Latinoamerica con cambios revolucionarios,
pero todavía una gran mayoría pasando hambre y crujías.

¿Pero adonde están los políticos de ahora?
Ay si por poco se me olvida,
después de treinta años de tiranía,
no hay políticos que sepan luchar contra la mala vida.
Se levantan muchos en alma,
pero solo quieren el poder, las riquezas
y más desgracias.
El mundo sigue gritando:
"que se marchen los gringos,
que paren el terrorismo,
no más sangre en la arena."
Pero nadie oye el grito de los niños.
Nadie quiere ayudar al pueblo mismo.
Todos gritan y tiran,
pero en el medio de la batalla,
los que pagan son los que nunca hicieron nada.

Su propia gente los utilizan,
los cogen de escudo y terminan como víctimas.
Los soldados los confunden por criminales o ladrones.
Pero todavía, nadie lucha por el pueblo que no se sabe defender.

Aquí estamos donde empezamos,
en medio de una guerra de balas, piedras e insolencia.
A terminar una batalla que nadie sabe como empezó.
¿Quién tira la primera piedra?
¿Quién más sangre derramo?
¿Por qué pagan justos por culpables?
Cada lado lucha por su causa,
unas son más malas que las otras.
¿Quién lucha por el pueblo que sufre noche tras noche?
Rezos a los que mueren,
consuelos a los que siguen luchando,
y esperanza a los que siguen viviendo en las tierras de Irak.

Delirio

Qué 115 grados a las doce, pero que castigo.
El sol que pica con locura y hasta las medias me suda.
No hay sombra que nos cubra y no sabemos que paso.
Parece infierno en huelga y el Diablo esta rebelde.
Como pecadores estamos pagando
por todas nuestras culpas.
Ay las nubes que se fueron,
dejando al sol haciendo de las suyas.
Estas brisa que nos queman como brasas en calderas.
Ya no se ve ni una mata y hasta la vista me falla.
En que lío me ha metido.
Pobre de mi mente, que ya esta delirando.
Juro que veo plátanos fritos con salchichón y guineos.
Hasta pollo asado con chicharrones
creí ver encima de ese monte.
Perseguía batidas de lechosa cada tres horas.
Este sol me esta matando,
porque veo payasos corriendo por todos lados.
Rayos y centellas, se me quema al cabeza.
¡Cuidado con ese carro!
Creo que chocaron a ese muchacho.
Me duele hasta el pelo, y el agua que no llega.
El futuro que nos esperan,
porque todavía el verano no llega.

Adonde me mandaron

Ay Mamá, ¿qué paso?
Hace un año que salimos en busca de Hussein,
Bin Laden, y hasta el arca de Noel.
Cruzamos desiertos impenetrables,
luchando contra el viento, la arena y
hasta el mismo pueblo que venimos a ayudar.
¿Quién entiende al destino?
De aquí aprenderé una gran lección:
a tener paciencia,
a dar primeros auxilios a los heridos,
o solamente como comer con arena.
La realidad es cierta, de este paseo,
unos cuantos detalles fueron omitidos de mi agenda.

En todas las clases que recibimos,
las cosas que nos afectarían todos los días
no parecían tan mal.
Tal vez en las letras pequeñas explicaban cosas como:
los mosquitos de aquí dan enfermedades que matan.
Si es que no te comen poco a poco por dentro.
A lo mejor se les olvido mencionar que
en los primeros meses,
quemaríamos nuestros propios excrementos.
Ese "aroma" tan discreto
sería como vivir en una ganadería.
De vez en cuando, o cada cinco días,
no hay ni una gota de agua para bañarse.
En los baños comunes siempre hay filas.

Lo bueno que todo no es tan malo como parece,
al final tenemos luz y películas.

El tiempo pasa rápido,
y las bombas y los tiros ya son la rutina.
Como los grandes secretos del desierto,
que solo se aprenden viviéndolos,
ya aprendimos a no comer afuera,
si no queremos tener todo lleno de arena.
No más dársela vueltas a pie,
porque con la temperatura a 130,
no hay quién llegue a ningún lugar bien.
Mientras más sorpresas nos llegan,
Prefiero estar yo aquí antes de que sea mi familia.

La conquista

Cuando niños siempre nos pintan
nuestra historia color rosa.
Colon descubrió a América y miren que belleza.
Les damos gracias por nuestro idioma
y por supuesto la religión católica.
Así pasamos nuestra infancia pensando,
"Tantas cosas buenos que hizo el hermano."
Mientras nos vamos educando y los años pasando,
como cambia la historia.

El hombre estaba en rumbo a la China,
en busca de especies y quién sabe que otras cosas.
En tres grandes carabelas
patrocinadas por la reina él viajaba.
Con su tripulación de marineros
que no pasaban de criminales.
Sacados todos de las cárceles,
para que le fueran hacer compañía a Colon.
Muy buen equipo que hacían,
que hasta a Colon por poco y lo sacrifican.
Sus mañas de delincuentes la pusieron a trabajar,
ya que mataron a mitad del continente por oro y plata.
Esas culturas grandes y pacíficas,
como fueron destruidas por la codicia.

Hay Colon como se te celebra,
por la dicha de la reina.
Quién lo habría creído,
que ni Español era el condenado, era Italiano.

María, la gordita

"Mira a María, que gordita sé esta poniendo,"
decían todos los chismosos al pasar la muchacha
de los ojos negros.
Piel morena como el chocolate y suave como la seda.
Con un pelo largo y lacio como la cola de un caballo.
Camina orgullosa, con la cabeza en alto
y sin mirar para el lado.
"Ay mire esa barriga," comentan los vecinos.
Pero María ni mira, ni saludad.
"Que comparona es esa niña, se cree que es gran cosa,"
vocean los tigres de las esquina.

María no sale de su casa, si no es a la pulpería.
Estudiosa como ella sola, y a nadie le envidia.
La niña no tiene novio, ni busca enamorado,
prefiere un libro largo a estar en malas manos.
La critican cuando pasa, por esa figura redonda,
pero después nadie dice nada.
Trabaja duro en las tardes, siempre sonriente y atenta.
Nadie la sostiene, ni a nadie le debe.
"Pero que gordita esta María,"
bochinchean sus amigas.

María a nadie le hace caso, contenta con su vida.
Tranquila y sin malos ratos, vive María la gordita.
Los chismes no la paran, ni caso que les hace,
porque la gente siempre habla para sentirse importante.
Parada enfrente de su espejo, María se mira,
"que importa que sea gordita, si también soy abogada."
Sonriente se peina, María la gordita,
porque de las 1 a 4 María representa a la justicia.

¿Quién tiene estrés?

Mami me dijo que a los Latinos no les da estrés,
que es una de esas enfermedades gringas.
Pero como las computadoras y el Internet,
todo lo gringo es contagioso y ahí viene el estrés.
Que la presión esta alta, eso es por el estrés.
Fatigado, dolores de cabeza, y hasta falta de dormir,
otra vez más síntomas del estrés.
Claro que todo da estrés en esta sociedad,
porque no tenemos tiempo ni para respirar.
Subieron el gas, la luz, el agua, y la gasolina,
y sin falta, ahí viene el estrés y ataca.
Los trabajos andan dando 'layoff';
que no suben los sueldos y para el colmo,
el costo de la vida no se pone
de acuerdo con la economía.
Sin falta, otro que termina amargado,
y como dicen los gringos estresado.

Los médicos siguen en sus luchas.
Pastillas para la depresión,
y andan la gente como atontado y sin razón.
Eso si, ninguno de ellos esta estresado.
Más pastillas para la presión,
otras medicinas para el colesterol,
y dietas para la tensión.
Al final, la mita del país anda en pastillas
o estresado.

¿Adonde quedo la cura de los latinos?
Al mal tiempo buena cara,
y a reírse de las desgracias.

No hay con que pagar el carro, el seguro y hasta la luz.
Pero en la mesa hay comida y una familia sana.
Entonces a vivir sé a dicho,
porque el próximo mes se encuentra con que pagar.
Que choco el carro, el perro se marcho,
y quién sabe que paso con los vecinos;
así que a reír porque el lío podía ser peor.
La riza no será la cura de todo los mares,
pero almenos no nos da estrés.

Ojos que nos miran

El secreto de los hombres, esta siempre en los ojos. En esas mirada profunda que oculta tanto o lo dice todo. En los ojos se ve el deseo por tener poder, la codicia o la malicia. De vez en cuando vemos la inocencia y el deseo de crecer. Al final, lo bueno o lo malo, todo igual se ve.

A los hombres que consiguieron un poco de poder, algo raro les pica por que siempre quieren más. Detrás de sus sonrisas dulce y palabras nobles, se esconde una codicia enorme. Una hambre insaciable que no deja de luchar. Aquellos que buscan dinero, bueno, la mirada es fría y a todo le ven un precio. Venderían a sus madres si hay de ellas, le fueran a dar ingreso. Los lastimados y maltratados, ellos miran distinto. Algunas veces tristes o otras con odio, pero siempre tímida. Ay el espejo del alma que son los ojos, y como a veces nos delatan. Lo rápido que nos darnos cuenta quienes son hipócritas o las personas sanas.

Las esperanzas no se acaban, porque en el valle de criminales, siempre un inocente a parece. Tienen ojos llenos de sabiduría, y con una fuerza para luchar. Las desgracias de la vida no les han quitado el brillo para enseñar. Algunos tienen miradas angelicales, tiernas y pacientes, que nada les cambia el paso o la forma de andar. La mirada de los niños, que siempre nos hacen reír, llevan esas esperanzas. Ay esos inocentes, nobles y decentes, que son nuestro futuro y presente.

Sargento Mala Cara

Estatura grande, mirada distante, caminar de muy guapo y temperamento de dinamita listo para explotar. ¿Qué le paso al Sargento Mala Cara? En sus 12 años en él ejercito, y con una carrera de sube y baja, ¿adonde habrá perdido la inocencia y la calma?

Como Cabo era trabajador, dedicado, modesto, y muy disciplinado. Un soldado dispuesto a entregarlo todo por su patria. La misión siempre era la más importante y el resto quedaba en segundo plano. Entre paso y paso que la vida le dio, se caso tres veces y tres niños a sus madres les dejo. ¿Pero que paso?¿Adonde quedo el joven lleno de vida, y de donde salió este sargento lleno de rencor?

Ahora en sus treintas, ascendido a sargento, con soldados a su mando, como ha cambiado. El poder le llego a la cabeza, y justos por pecadores están todos pagando por su maltrato. De gritos a gritos, el Sargento Mala Cara da sus órdenes. Como puro hipócrita, el tumba el polvo a los oficiales en busca de mejores cosas. Su codicia y sentido de inferioridad lo llevan a poner su nombre en todo, a hacer programas ilógicos, y a luchar contra el desarrollo de sus soldados. Ay Sargento Mala Cara, ya dejo de ser puntuar, no mira sus propios errores pero tira piedras en casas de cristal.

El gran Sargento Mala Cara, una vez respetado; ahora se ve solo y amargado. Se pregunta cúal es el problema de los demás, porque el solo hace su trabajo y nada más. Tiene todo el poder, pero no sabe que hacer con él. Gran cosa es de dar órdenes al viento, cuando los soldados sufren y ya dejaron de hacerle caso.

Las Dietas

Ay Papá, ¿quién sería el inútil que invento las dietas?
¿Ha quién se le ocurrió un día decir,
abajo con la comida y a perder calorías?
Todos ahora estamos obsesionados con perder peso.
Ningunos por razones de salud,
sino por no verse feos.
Que tenemos que tener piernas de atletas,
trasero de actriz de cine,
y barrigas planas como las tablas.
Nada de grasa en los brazos porque eso es malo,
y cuidado con las celulitis.
Entonces a cambiarlo todo,
la forma de comer, la forma de pensar,
y hasta la forma de vivir en nuestra ciudad.

Que la cafeína hace daño,
a dejar el té y el café por sí acaso.
Que los carbohidratos engordan demasiado,
ahora a comer carnes y grasas,
porque el pan es malo.
El cuerpo retiene mucha agua,
a tomar pastillas para que se marche.
La comida no es suficientemente sana,
a luchar con suplementos,
y tratamientos para balancear el esqueleto.
Ahora todo es desabrido, aburrido y lo mismo.
En este empeño de verse bien,
ahora comemos como conejos.

¿Adonde esta mi arroz con pollo,
esos mangú de desayuno con salchichón?

¿Que paso con el pan con chocolate de cena?
La falta que nos hacen esas comida completas,
sin contar todas esas calorías.
Lo fácil que todo era,
cuando nuestro único problema era,
el del poner la comida en la mesa.
Así que guerra contra las grandes dietas,
y a comer de todo.

Yo

Desde el año 79, yo y el mundo no pensamos igual.
Al nacer mi padre quería un barón,
ahora miren lo que le toco.
Mi madre quería un genio,
y yo ni cerca que llegue.
Ilusionados mis abuelos pensaban
que sería abogado.
Lo lejos que quedaron porque termine soldado.
Con trabajo, mis tíos me entrenaban para pelotera.
Pero cuando la pelota estaba por la derecha,
yo estaba en la otra vía.
Mis pobres tías luchaban por hacerme toda una dama,
por de mi parte yo tenia pleitos con el maquillaje.
De mis hermanos se escuchaba decir,
"sería mejor hermana si pasara más tiempo en la casa."
En la secundaria decían,
"que buena muchacha, pero no se calla."
La comunidad me miraban muy aplicada,
"pero que joven es la niña," comentaban.
Tal vez terminara político, decían los vecinos.
¿Político, yo? Nada más para ser huelgas
contra los corruptos y bandidos.
"El potencial que tenia esa niña
y mira donde se ha metido," he oído.
Estoy en el desierto de Irak, luchando por la liberta.
Y como todavía aquí vivo,
que no me lloren en mi casa porque no he ha fallecido.

La Cena

"¿Adonde rallos esta tu hija ahora?" le preguntaba el Viejo a la señora.
"¿Mi hija? Como si no fuera hija tuya," le respondía de pique la señora.
"Esa niña nunca para en su casa, de esquina a esquina se la pasa. Con tanto maquillaje a los 8 de la mañana, y esas ropas cada vez más corta," suspira el Viejo.
"Esa niña es una santa," comentaba la señora mirando su imagen en la sopa.
"Ella solo esta a la moda, y disfrutando de su juventud. ¿No te acuerdas cuando eras joven?"
El Viejo miraba a su plato y después a su esposa,
"claro que me acuerdo, porque tenia él respecto de llegar a tiempo a la mesa."
Sonriendo lentamente respondía la señora,
"ay por dios no seas Viejo, si salió con sus amigas a comer."
"Mujer, pero que costumbres les estas dando a tu hija; ella hace lo que quiere y tu todo se lo apoya."

En silencio los dos estaban.
El Viejo jugaba con su comida mientras la señora miraba por la ventana.
De repente la señora voltea la cara y le decía,
"no hay que creer en chismes, la gente siempre habla."
"Ay mujer," decía el Viejo,
"cuando él rió suena agua lleva."
El silencio era rotundo en la casa hasta que la niña entra por la puerta.
Llorando llega a la mesa, pero el Viejo ni la miraba.
La madre sorprendida a su lado corría.

"Mi hija, pero que te pasa."
"Ay mama, ¿que voy a ser?
El doctor me dijo que estoy embarazada."
Sorprendida, la madre también lloraba,
Mientras el Viejo su comida se comía.

Trabajo

"Papi, acabo de encontrar el trabajo perfecto.
Se necesita la experiencia de la vida,
sensibilidad y un contacto con la humanidad,"
le dice la joven ilusionada a su papá.
Tomando su café, lentamente su papá la mira.
"Papi, voy a ser astróloga," dice la joven.
Pobre hombre que por poco y se ahoga.
"¡Astróloga! Y de cuando a donde ves tu el futuro."
La joven enojada responde a su padre,
"los astros lo dicen todo,
solo hay que saber como interpretarlos.
Además a las personas les interesa
saber como sus signos los hacen especiales,
para entender un poco más sus comportamientos."
El padre todavía aturdido, y sorprendido le contesta,
"en tu caso mi vida,
es una forma de echarle la culpa a otros
por tus errores."

Ofendida la joven lo mira y le dice,
"papi lo poco que sabes de los signos.
Toma a Escorpio por ejemplo, es fuerte, dominante,
y siempre quiere todo a su manera."
"Aja, y eso que tiene que ver con su futuro,"
le dice el padre confundido.
Sin hacerle caso continua la joven,
"Picis en lo contrario en más pasivo, pensativo,
en onda con su alrededor hasta que se enoja,
todo es bien sencillo."
"No entiendo nada,
como va a ser este el trabajo perfecto,

porque realmente no les dices nada," dice el padre.
"Hay esta el detalle,
voy a trabajar en una línea de astrólogos
a $3.99 el minuto.
Les explicare como sus signos
pueden cambiar sus vidas,"
contesta la joven tranquila a su padre.
"Y esta consulta, por ser tú mi padre
y la primera consulta, es gratis.
Pero los próximos 10 minutos que hablemos,
serán $39.90 más impuestos."
El padre mira a su hija con la boca abierta,
y ella muy tranquila sigue su camino.
"Ay si me salió contadora la niña."

Mi vecina

Ayer me encontré con mi vecina, una joven bella y bien vestida. Tenia tiempo que no la veía, y me decía amablemente que había tenido unos días de locura y fatiga. Entre fiesta y fiesta, la pobre se había perdido. Ya no sabía quién era y mucho menos de donde había venido. Inteligente y decente, mi vecina siempre había sido. Con el corazón hecho pedazo, no encontraba el sentido de seguir viviendo la misma vida, sortera y sin compromiso. Al trago se entrego, para apagar sus penas, pero más sola estaba con esa botella.

Con la sonrisa sincera me comento mi vecina, que había encontrado a Cristo en esta misma avenida. En silencio me preguntaba, ¿cuando se había perdido Cristo, y cuando lo salieron a buscar? Dándose cuenta de mi confusión, mi vecina me decía que en la palabra de Dios encontró todo el apoyo para buscar una salida. Así como nos vimos, también nos despedimos. Ella siguió su camino y yo el mío.

Despacito caminaba mirando para todos lados, cuando me preguntaba, ¿porque siempre pensamos que es Dios el que se pierde? Como si él saliera caminando por la mañana, y en la tarde se diera cuenta que esta en el otro lado del mundo, solo, sin mapa, y sin rumbo. Nos olvidamos que somos nosotros que hacemos nuestros caminos y cada día decidimos si seguimos su camino o caminamos otro. Además, si Dios se pierde, ¿cómo lo voy a encontrar yo, cuando él hizo la tierra?

Dominicanos Presentes

De vacaciones a mi isla fui, para visitar a mi familia.
La sorpresa que me lleve al llegar a mi tierra.
Que la luz se va cada rato y viene de vez en cuando.
El precio del arroz y los plátanos por las nubes,
y el desarrollo de la educación para abajo.
Que los médicos se van en huelgas
porque no les pagan.
La basura que no la recogen.
En las calles ya no se puede ni manejar.
¿Ay que esta pasando con mi tierra?
Esta corrupción que no se quiere acabar.
Por la memoria de Duarte,
que alguien me diga como llegamos a este desastre.

Mi pueblo pasando hambre,
y nosotros sin poder hacer nada.
¿Adónde se fueron los militantes, esos creyentes?
Algunos están pasando trabajo
en las calles de Nueva York.
Otros buscando un futuro mejor,
para regresar un buen día a nuestra nación.
A regresar para luchar contra esos
políticos desarmados,
esos que tanto daño han causado.

No importa en el lugar que estemos,
Santo Domingo, Nueva York hasta en Irak,
todos somos Dominicanos luchando por la liberta.
La liberta económica, de las deudas de la nación.
La liberta sicológica, para gobernar con honestidad.
Ahora a coger las almas y luchar por nuestra raza.

A gritar por el mundo,
"Los Dominicanos unidos no se cansan."
Con los conocimientos recogidos por el mundo,
la fuerza de nuestra gente,
juntos podemos sacar al país adelante,
pese a quién le pese.

Refugio

Esta soledad que nos llena por dentro, y nos deja sin aliento. Una soledad replete de miedo y temores al silencio. Es vivir rodeado de gente con caras que nos miran, pero nunca realmente nos ven. Habitando el mismo lugar que los demás, pero despegados del universo. Es una soledad misteriosa que no entiende de razón ni tiempo. Sufrimos en silencio de que nos sentimos extraños en todos lados. De no pertenecer a ningún grupo y mucho menos tener aliados. Sentirse
diferente a los demás, pensar más allá de lo normal y preguntarse diariamente si Dios nos quiere o solos somos creyentes. Vivir llenos de dudas, de quienes son amigos o simplemente conocidos. Pensar si somos realmente bienvenidos o solo ahí vivimos. Recordando cada momento las criticas de los necios, de esos que quieren cambiarnos todo el tiempo.

Entre el silencio y la discordia buscamos refugio entre los honestos. En esas pocas personas que nos miran sinceramente, sin prejuicios ni malos pensamientos. Un pequeño refugio sereno, tranquilo y discreto. Aquel lugar donde somos lo que deseamos ser y aceptados todo el tiempo. Nada de cambiar la forma de luchar
contra las multitudes. La soledad puede ser inmensa pero no es eternal. Cada cierto tiempo encontramos la fuerza de rehabilitar nuestras mentes. Con paciencia se descubre el universo, y con amor podemos hacer un nuevo firmamento.

Sobrinos

Mi tía siempre me decía,
"Si Dios no te da hijos,
el Diablo te da sobrinos."
Ay si mi tía hubiera sabido todos los sobrinos
que iba a tener,
tal vez lo pensaría dos veces antes de ser tan buena.

En mi familia los tenemos de todos tipos,
esos benditos niños.
Unos con talento de atletas,
todo lo juegan y siempre se destacan.
Músicos han salidos algunos,
con la determinación de inspirar
hasta los Ángeles a tocar juntos.
Los callados, a escribir se han dedicado.
Dejándose llevar por su imaginación,
escriben historias que tocan el alma.
Aquellos pintores de la familia,
todos los días nos deleitan con sus picardías.
Hay esos niños, la sabiduría de unos
y la inocencia de otros.

"Mi sobrinos son divinos," repite mi tía.
No importa los dolores de cabeza que ellos traen,
el trabajo que a veces dan de noches
cuando se enferman,
mi tía sigue con su teoría, y no la cambia.
"Simpáticos que han salidos los jóvenes,
tal vez salen modelos o actores," comenta mi tía.
No importa lo que hagan, la realidad es,
en mi familia si hay muchos muchachos.

Ay mi tía Maritza que a todos nos quiere apoyar.
El Diablo le dio sobrinos,
pero Dios le dio paciencia
para mantenernos a todos unidos.

Pobre Héctor

"No hay mal que dure cien años, ni cuerpo que lo resista. Que consuelo el de mi familia," le comente Héctor al sacerdote. "Claro que no hay mal que dure cien años, porque nadie vive tanto." Héctor cansado mira hacia el lado, pero el sacerdote sigue mirándolo fijamente, tranquilo y callado. "A ver," continua Héctor, "que hago ahora, sin trabajo, solo y sin dinero. ¿Quién quiere andar con alguien así? Ni mis amigos me llaman." El sacerdote lo mira tiernamente y le dice, "pero tu familia siempre te ha brindado una mano, te han dado ropa, comida, y un lugar donde vivir. ¿Que te han dado tus amigos?" Héctor lo mira con pique y voltea la cara.

"Mi familia cree que yo no sirvo para nada, solo me tienen lastima y me dan limosnas." Con esa mirada tranquila y atenta el sacerdote mira a Héctor y le pregunta. "¿Entonces, tus amigos son buenos a no brindarte ayuda? Triste y herido Héctor lo mira, se para de su asiento y mira al sacerdote. Inocentemente el sacerdote lo mira sin decir nada, solo sonríe.

"La verdad duele Héctor. Que tu familia no té llena la cabeza de tonterías, pero té dice la verdad, es más duro que apoyarte como la hacían tus supuestos amigos." Lentamente el sacerdote se levanta de su silla. Confundido Héctor se sienta de nuevo y sierra los ojos. "Ay Héctor, tu tío te ha conseguido trabajo en una escuela," le dice el sacerdote a Héctor en vos baja. "Mi tío, pero si él ni me habla," dice Héctor sorprendido. "El que se alejo de su familia fuiste tu, ahora te sientes avergonzado de lo ocurrido y no quieres regresar. Espero que hallas aprendido algo y no vuelvas a caer en lo mismo." Tranquilo el sacerdote coge su camino, mientras Héctor lo mira triste pero agradecido.

Orgullo y Honor

Nosotros los humanos somos seres tan raros.
Hacemos tanto por honor, y al mismo tiempo destruimos todo por orgullo.
Lo similar que son los dos términos,
y los distintos que son los resultados.
Por honor se han creado naciones,
y sembrado culturas.
Patrias se han levantado en almas
para luchar por su libertad.
Hombres y mujeres han hecho sacrificios gigantes,
enfrentado al mismo Diablo para salir adelante.
La fuerza del honor propio, que nos ayuda a triunfar y desafiar a todo.

Entonces, ¿porque nos escondemos detrás del orgullo?
Ese orgullo soberbio que no oye de razones
cuando cree que esta en lo cierto.
Que se llena de soberbia cuando es herido,
aunque sea para salvarlos de un gran peligro.
Estamos dispuestos a destruir caminos y destinos,
antes de admitir a nosotros mismos
que estamos equivocados.

Nosotros los humanos podemos escoger sí
seguimos el honor o el orgullo.
Podemos ser cautelosos o impulsivos,
pero siempre tenemos que recordar que
nuestras acciones siempre traen consecuencias.

Charla con San Pedro

Soñé que vi a San pedro parado en frente
de las puertas del cielo.
Calmado me miraba, mientras confundida yo lo veía.
Sin pensarlo le pregunte, "¿cómo me mataron?"
San Pedro tranquilo me respondía,
"No es necesario matarte.
Muchas personas vienen solitas aquí arriba."
Aun más confundida le decía,
"Se me paro el corazón, ya se me subió el colesterol."
Mirándome con ojos de angelitos, San Pedro seguía,
"Chiquita lo siento pero no estas fallecida,
pero sí estas dormida."
De repente lo mire y otra ves sin pensarlo le decía,
"Estoy perdía y mi única salida es de ir a misa."
Con una sonrisa San Pedro me respondía,
"Que trágica eres niñas, pero la realidad es otra.
Dios no esta en iglesias o templos,
si no en el corazón de los humanos.
No es necesario estar al borde de la muerte,
para llamar a Dios y tener una conversación.
No importa el nombre que les ponga,
o en los idiomas que hables con él,
él todo lo oye y a todos los entiende."
Como niña tonta que soy, le preguntaba,
"Entonces San Pedro, ¿qué hago yo aquí?"
San Pedro mirando a todos lados en vos baja me decía,
"Algunas veces necesitamos un amigo
para encontrar el camino.
Dios nos da la opción de creer o no creer en él,
pero cuando lo necesitamos,
como buen padre que es él nos da la mano.

Así que recuerda, mientras más largo sea tu camino,
el nunca te ha dejado sola."
Sin decir otra palabra, San Pedro desapareció.

Consejos de amor

"Para mantener un hombre feliz ay que saber cocinar," le dice Rosa a Juanita.
"Me vez con cara de chef a mí, porque ese si va a pasar hambre conmigo," comenta Juanita.
"Esta bien, pero la casa tiene que estar limpia y organizada," en voz baja sigue Rosa.
"Pues que busque a su abuela para que le recoja todas sus tonterías," Juanita dice sin ni una sonrisa.
"Bueno, vamos hablar de los niños," tranquila dice Rosa.
"Niños, ¿quién te dijo que yo voy a tener niños? Que busque a otra pero a mi no," sigue Juanita con cara de aburrida.
"Ni de niños, ni casa y mucho menos de la cocina quieres hablar. Entonces de las pasiones de las parejas vamos a platicar," curiosa la mira Rosa mientras Juanita se ríe.
Picaramente Juanita le responde, "de ese tema ni te moleste porque soy toda una experta."

Resignada Rosa la mira a los ojos y le dice, "entonces mujer, las relaciones son para compartir, y aprender el uno del otro. Es un desarrollo diario donde el hombre y la mujer trabajan para hacerse feliz el uno al otro. Pero, ¿para qué rayos quieres tu una pareja, si no estas dispuesta a ser nada a cambio?"
Juanita sonriente le dice, "Rosa querida, en estos tiempos modernos, que tengo un trabajo, carro, casa, y hago lo que quiero; para lo único que necesito a un hombre es para que me diga lo bella que me veo."
"No entiendo, ¿porque me pediste consejos para mantener un matrimonio feliz?" pregunta Rosa confundida.

"Quería saber sí realmente estaba perdiendo algo en mi vida," y contentamente Juanita se marcha.
Rosa asombrada la observa al marcha y se dice a sí misma, "el colmo de las presumidas."

Mi Dolor

En Santiago de los Caballeros me crié sin complejos. El encanto de mis padres y la niñita de la familia. Como cambio mi vida al llegar a esa América desconocida. En mi isla deje a mi gente, mis raíces, y hasta a mi mente. En esa nueva cuidad me apuntaron en unas de las escuelas publicas, supuestamente con otros estudiantes de mi misma cultura. Quién iba a imaginar que en ves de ayudarme a ser integrada, se iban a dedicar a ser me los días imposibles por no saber ingles. Se burlaron de mi ropa, que no estaba a su moda. Aquellos moños que tenia, "que parecía extranjera." La ironía de la vida, yo que me pase la mayoría de mi infancia en escuelas privadas, ahora era una campesina en los ojos de esta sociedad distinta. Lo rápido que ellos se olvidaron de su idioma, de sus culturas y del respecto a las personas. ¿Qué paso con el cariño de Quisqueya, de luchar por la patria y todo lo que ella representa?

Todos se privaban en gringos, y nadie quería ser Latino. Ni las tablas de multiplicar se sabían, pero yo era la campesina. La inocencia de los niños que siempre quieren ser aceptados. Luchan contra sí mismo para olvidar todo lo que los hacen distintos. Sin saberlo yo también me estaba perdiendo en ese laberinto, queriendo ser otra persona. "Tal vez con pelo lacio y ojos claros me aceptarían," en cambio siempre era la aburrida, la tranquila y la callada. "Muy estudiosa que es la niña, el orgullo de su familia," pero lo que hubiera dado para ser parte del grupo de la esquina. Ser amiga de las bonitas, las que siempre iban bien bonitas a todos lados.

Me aleje de mis hermanos, pensando que ellos me ataban a una vida que no quería. Pleitos con me madre tenia para que sola me dejara. La lucha que hice por esa monerías, para después darme cuenta de quien realmente me querían. Las bonitas en la secundaria embarazadas quedaron, y los chulos ni la escuela terminaron. Todo ese "look" solos los dejaron, por presumidos y más acostumbrados. Séme quito la timidez al decir que soy hispana, y mucho orgullo me da por ser Dominicana. Esos valores pasados de generación en generación, son los que me dan la fuerza de luchar en esta nación. A mi familia le pido de todo corazón, perdón por los dolores de cabeza que les di en este maratón. Nunca sola me dejaron, aunque en pleitos nos la pasábamos. Cuando el mundo se puso difícil, ellos la mano me dieron. Después de tanto trabajo por fin entiendo la lucha de Duarte y la dedicación del profesor Bosch, no es necesario pensar como las masas para cambiar el destino de nuestra raza.

About the Author

A native from the Dominican Republic, Sílfida D. Gómez moved to the United States at a very young age. Living in the witch city of Salem, Massachusetts, she learned to lived between two different cultures and understand their differences and similarities. Currently, Ms Gómez is deploy to Iraq with the United States Army as part of Operation Iraqi Freedom.

www.ingramcontent.com/pod-product-compliance
Ingram Content Group UK Ltd.
Pitfield, Milton Keynes, MK11 3LW, UK
UKHW040020200726
13854UKWH00001B/279

9 781418 490966